SANDRA FRANITZA

FIX für FREUNDE

GENIALE DIPS UND FINGERFOOD

HEEL

Inhalt

SNACKS AUS DEM OFEN

SCHNELLE SALAT-DRESSINGS

LECKERES FÜRS SALATBUFFET

Hallo liebe Party-Freunde, Buffet-Stürmer und Vorspeisen-Verrückte,

ich freue mich sehr, dass Euch mein neues Buch „Fix für Freunde“ ab sofort dabei unterstützt, wenn Ihr Euch mal wieder die Frage stellt: „Was bringe ich zur nächsten Party mit?“. Oder wenn es euch bei der Auswahl von leckeren Snacks hilft, während Ihr einen gemütlichen Abend mit Freunden und Familie plant und folgenden Satz hört: „Mach Dir aber nicht so viel Arbeit mit dem Essen.“ Wie oft lautet Eure Antwort dann: „Ach was, ich mach nur 'ne Kleinigkeit“?

Wir kennen es doch alle: Am Ende ist der komplette Tisch voll mit Leckereien, die uns bis in die späten Abendstunden begleiten.

Und genau für diese Anlässe schlagt Ihr dann ab sofort dieses Buch auf und findet eine große Auswahl genialer Dips, großartiger Salate, flotter Brotrezepte und leckerer Snacks. Alles eignet sich selbstverständlich auch super als Grillbeilage. Ich finde, die Vorspeisen sind doch sowieso die „heimlichen Stars“ einer jeden Grillparty, oder?

Viel Freude mit meinem Buch, möge es bei Euch ab sofort zahlreich im Einsatz sein.

Übrigens: Bei den Dips habe ich bewusst auf die Angabe der Personenanzahl im Rezept verzichtet, da ihr sie zu verschiedenen Gelegenheiten einsetzen könnt. Schaut hier gern einfach, welche Mengen Ihr benötigt. Wenn Ihr ein Buffet mit mehreren Leckereien zusammenstellt, sollten die Dips mit den angegebenen Mengen auf jeden Fall für 8–10 Personen reichen.

Ich bin Sandra, komme aus dem Oberbergischen Land, in der Nähe von Köln, und liebe gutes Essen. Besonders gern stürze ich mich selbst auf eine schöne Auswahl Vorspeisen und bin dann pünktlich zum Hauptgang satt.

Bereits seit 2013 veröffentliche ich meine Rezepte im Internet auf **www.sandraskochblog.de.** Auf meinem Instagram Account **@sandraskochblog,** wo ich regelmäßig schnelle und einfache Rezepte mit meiner Community teile, gibt es auch mal den einen oder anderen Blick hinter die Kulissen des Foodblogger-Daseins zu sehen. „Fix für Freunde" ist bereits das dritte Kochbuch, welches ich im Heel Verlag veröffentliche und ich bin wahnsinnig stolz darauf, dass es die beiden ersten Bücher „Fix ohne Fix – Schnelle Gerichte ohne Fix-Tüte" und „Fix ohne Fix – Schnelle Familienrezepte" zum SPIEGEL-Bestseller geschafft haben.

Ich bin gespannt, ob „Fix für Freunde" sich da bald auch einreihen darf. Lassen wir uns überraschen. Ihr habt auf jeden Fall schon einen Teil dazu beigetragen, indem Ihr mein Buch erworben habt, und dafür möchte ich „Danke" sagen.

Viel Freude und gutes Gelingen mit über 60 leckeren Rezepten!

Eure Sandra

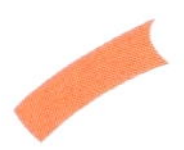

Wir lieben sie doch alle, sei es als Starter zum Grillen, in gemütlicher Runde am Esstisch oder aber als Appetizer auf dem kalten Buffet: leckere Dips mit Baguette, durch die man sich am liebsten komplett durchprobieren möchte. Sind sie nicht oft die heimlichen Stars, bevor das Hauptgericht serviert wird?

Geniale
DIPS,
PASTEN
& KRÄUTERBUTTER

BASILIKUM-SCHAFSKÄSE-CREME

ZUTATEN

100 g Schafskäse
2 Knoblauchzehen
1 große Handvoll frisches Basilikum
2 EL Olivenöl
120 g griechischer Joghurt
Je 1 Prise Salz & Pfeffer

Den Schafskäse in eine Schüssel geben und mit einer Gabel etwas zerkleinern. Den Knoblauch hineinpressen. Basilikum und Olivenöl hinzugeben und alles kurz pürieren. Danach den Joghurt unterrühren und mit Salz und Pfeffer abschmecken. 2–3 Stunden im Kühlschrank durchziehen lassen.

Die meisten Dips schmecken besonders gut, wenn Ihr sie noch eine Weile durchziehen lasst!

RADIESCHEN-QUARK

ZUTATEN

1 Bund Radieschen
2 Frühlingszwiebeln
¼ Bund glatte Petersilie
400 g Magerquark
120 g griechischer Joghurt
Je 1 Prise Salz & Pfeffer

Die Radieschen putzen und in Stücke schneiden. Die Frühlingszwiebeln in Ringe schneiden und die Petersilie fein hacken. Magerquark zusammen mit dem Joghurt glattrühren, dann die vorbereiteten Zutaten untermengen und mit Salz und Pfeffer würzen.

Der Dip ist die ideale Ergänzung zu einer Brotzeit. Wir lieben den Radieschen-Quark besonders zum Abendessen auf frischem Brot, direkt vom Bäcker.

AJVAR-FRISCHKÄSE-DIP

ZUTATEN

120 g Frischkäse (natur)
80 g Crème fraîche
2 Knoblauchzehen
120 g Ajvar aus dem Glas (mild oder scharf)
Je 1 Prise Salz & Pfeffer

Den Frischkäse mit der Crème fraîche verrühren. Den Knoblauch hineinpressen. Den Ajvar hinzugeben, alles gut vermengen und mit Salz und Pfeffer abschmecken. Idealerweise lasst Ihr den Ajvar-Dip noch 2–3 Stunden im Kühlschrank ziehen.

Er passt auch super zu Hackfleisch-Gerichten wie Frikadellen oder Ćevapčići.

FRÜHLINGSZWIEBEL-CREME

ZUTATEN

1 Bund Frühlingszwiebeln
200 g Schmand
100 g Frischkäse (natur)
Je 1 Prise Salz & Pfeffer

Die Frühlingszwiebeln in feine Ringe schneiden. Den Schmand zusammen mit dem Frischkäse glattrühren, die Frühlingszwiebeln hinzugeben, mit Salz und Pfeffer würzen und alles vermengen.

Die Creme macht sich auch sehr gut auf frisch gebackenem Brot.

Variante: Ihr könnt auch zwei Gurken hineinhobeln, alles vermengen, noch ein wenig nachwürzen; und schon habt Ihr einen leckeren und sehr cremigen Gurkensalat.

CURRY-SCHMAND-DIP

ZUTATEN

200 g Schmand
3 EL Mayonnaise
2 TL Currypulver
1 TL Knoblauchpulver
Je 1 Prise Salz & Pfeffer

Alle Zutaten in eine Schüssel geben und verrühren.

Dieser Dip ist genauso lecker, wie er einfach ist und wir essen ihn tatsächlich am liebsten mit noch warmem Ciabatta-Brot.

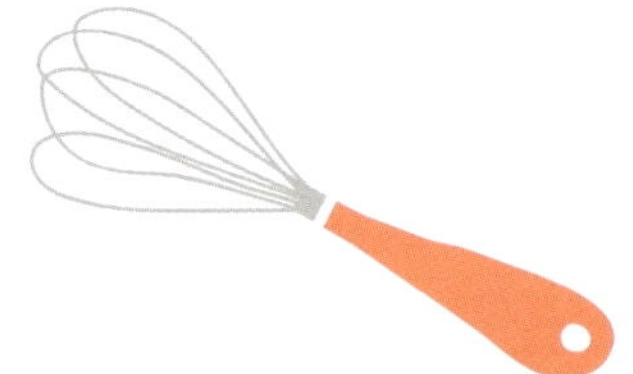

BACON-RÖSTZWIEBEL-CREME

ZUTATEN

100 g Bacon-Scheiben
100 g Schmand
180 g Frischkäse (natur)
Je 1 Prise Salz & Pfeffer
3 EL Röstzwiebeln

Den Bacon in der Pfanne (ohne Fett) auf mittlerer Temperatur auslassen, bis er knusprig ist. Dann auf Küchenpapier abtropfen und dort komplett erkalten lassen. Dann in feine Stückchen hacken.

Schmand und Frischkäse mit einer Prise Salz und Pfeffer würzen und glattrühren. Dann den Bacon und die Röstzwiebeln hinzugeben und alles vermengen.

Das ist übrigens ein Dip, der meistens auch die Männer begeistert, von denen wir schon mal hören: „Ich brauch zum Grillen weder Salat noch Brot, noch irgendwelche Dips. Fleisch reicht!“ Ich spreche aus Erfahrung …

FEIGEN-WALNUSS-CREME

ZUTATEN

50 g Walnüsse
100 g getrocknete Soft-Feigen
150 g Ziegenfrischkäse
100 g Schmand
½ TL Honig
½ TL getrockneter Thymian
Je 1 Prise Salz & Pfeffer

Die Walnüsse sehr fein hacken. Die Feigen mit einem scharfen Messer ebenfalls in Stückchen hacken. Ziegenfrischkäse mit dem Schmand, dem Honig und den Gewürzen glattrühren. Walnüsse und Feigen gut untermengen und abschmecken. Den Dip idealerweise noch 2–3 Stunden im Kühlschrank durchziehen lassen.

Variante: Ihr könnt ihn auch auf Blätter- oder Flammkuchenteig streichen und ihn somit als Belag nutzen. Ab in den Ofen, 20 Minuten bei 200 °C Ober-/Unterhitze backen und schon habt Ihr einen leckeren Snack daraus gemacht.

SOUR CREAM-
KARTOFFEL-CREME

ZUTATEN

1 Knoblauchzehe
½ Bund Schnittlauch
250 g Quark (20 % Fett)
200 g Schmand
Saft einer ½ Zitrone
1 gestrichener TL Zucker
Je 1 Prise Salz & Pfeffer

Den Knoblauch pressen und den Schnittlauch fein hacken. Alles mit den restlichen Zutaten vermengen.

Die Sour Cream serviert Ihr klassisch zu Folienkartoffeln oder Kartoffel-Wedges. Sie passt aber auch super zu gegrilltem Gemüse nach Wahl.

Idealerweise lasst Ihr sie im Kühlschrank noch 2–3 Stunden durchziehen.

PAPRIKA-SCHAFSKÄSE-CREME

ZUTATEN

1 große, rote Paprika
2 Knoblauchzehen
200 g Schafskäse
250 g Frischkäse (natur)
1 TL getrocknete Kräuter der Provence
Je 1 Prise Salz & Pfeffer

Die Paprika vom Kerngehäuse befreien, in kleine Stücke schneiden und in eine Schüssel geben. Den Knoblauch schälen, grob hacken und hinzugeben. Den Schafskäse ebenfalls in die Schüssel bröseln und alles pürieren. Den Frischkäse dabei nach und nach hinzufügen. Am Ende noch die Gewürze unterrühren und die Creme für 2–3 Stunden im Kühlschrank ziehen lassen.

HUMMUS
(KICHERERBSEN-PASTE)

ZUTATEN

1 Dose (400 g) Kichererbsen
Saft von 1 Zitrone
2 gehäufte EL Tahin (Sesam-Mus)
1 EL Olivenöl
1 große, rote Chili (mild)
2 Knoblauchzehen
1 TL Kreuzkümmel
½ TL Salz

Optional für das Topping:
2 EL Olivenöl, 1 TL Paprika edelsüß, 1 TL Sesam

Die Kichererbsen mit der Hälfte der Flüssigkeit, dem Zitronensaft und der Tahin pürieren. Zum Ende hin das Olivenöl hinzugeben. Sollte Euch die Paste von der Konsistenz her noch nicht weich genug sein, könnt Ihr den Rest der Kichererbsenflüssigkeit noch nach und nach zugeben, bis sie für Euch passt.

Die Chili entkernen und fein hacken. Den Knoblauch pressen. Beides zur Paste geben. Die Gewürze ebenfalls hinzugeben und alles gut unterrühren.

Im Kühlschrank 2–3 Stunden ziehen lassen. Optional könnt Ihr den Hummus vor dem Servieren noch mit Paprika-Öl und Sesam toppen. Hierzu einfach Olivenöl mit Paprikagewürz verrühren und über den Hummus träufeln. Den Sesam ebenfalls darüber verteilen.

Hummus kann man super auf Brot essen, eignet sich aber auch zu Gemüseplatten oder als Füllung für Wraps.

GUACAMOLE (AVOCADO-DIP)

ZUTATEN

1 reife Avocado
Saft von 1 Limette
Je 1 Prise Salz & Pfeffer
1 Knoblauchzehe
1 große, rote Chili (mild)
1 Tomate

Avocado entkernen und das Fruchtfleisch in eine Schüssel geben, den Limettensaft sowie Salz und Pfeffer hinzugeben. Alles mit einer Gabel zerdrücken, bis Ihr eine schöne, homogene Masse habt.

Die Knoblauchzehe hineinpressen. Die Chili entkernen, fein hacken und ebenfalls hineingeben. Die Tomate von den Kernen befreien, in kleine Stückchen schneiden und zur Creme geben. Alles vermengen und servieren.

Ich esse die Guacamole gern mit frischem Brot, sie kann aber auch super zu Nachos serviert werden.

TSATSIKI

ZUTATEN

½ Salatgurke
¼ Bund glatte Petersilie
¼ Bund Dill
3 Knoblauchzehen
200 g Schmand
250 g griechischer Joghurt
Salz & Pfeffer
1 EL Olivenöl

Die Gurke schälen, längs durchschneiden und das Kerngehäuse mit einem kleinen Löffel herauskratzen. Beide Hälften grob reiben und mit 1 TL Salz in ein Sieb geben. Darin für mindestens 30 Minuten ziehen lassen, damit die Gurke entwässern kann.

Petersilie und Dill fein hacken. Den Knoblauch pressen. Alles mit Schmand und Joghurt vermengen.

Die Gurke noch mal durch ein Küchentuch auspressen, sodass sie nochmals möglichst viel Wasser verliert. Dann zur Creme geben und unterrühren. Mit einer Prise Salz und Pfeffer abschmecken. Lasst das Tsatsiki gern 2–3 Stunden im Kühlschrank durchziehen.

Vor dem Servieren mit 1 EL Olivenöl beträufeln.

AIOLI (OHNE EI)

ZUTATEN

2 Knoblauchzehen
50 ml Milch
1 Prise Salz
1 gestrichener TL Senf
3–4 Spritzer Zitronensaft
100 ml Rapsöl

Den Knoblauch pressen und mit der Milch, der Prise Salz, dem Senf und dem Zitronensaft in ein hohes Gefäß geben. Mit einem Stabmixer pürieren. Das Öl langsam und nach und nach hinzugeben, dabei weiter pürieren. Den Pürierstab immer von unten nach oben bewegen, bis die Aioli eindickt.

Tipp: Ich empfehle Euch für die Zubereitung unbedingt Rapsöl, denn es gibt Ölsorten, wie z. B. Olivenöl, die hierfür nicht besonders gut geeignet sind, da sie durch das Pürieren schnell einen bitteren Geschmack erhalten.

Da die Aioli ohne Ei zubereitet wird, könnt Ihr sie auch gefahrlos bei höheren Temperaturen servieren und mitnehmen.

REMOULADE

ZUTATEN

100 g Mayonnaise
80 g Naturjoghurt
1 gestrichener TL Senf
Saft einer ½ Zitrone
50 g Gewürzgurken
½ Zwiebel
2 hartgekochte Eier
2 EL frische, gehackte Petersilie und Dill, optional andere Kräuter nach Wahl
Je 1 Prise Salz & Pfeffer

Die Mayonnaise mit dem Joghurt, dem Senf und dem Zitronensaft glattrühren. Gurken, Zwiebel und Eier fein hacken und zusammen mit den Kräutern und Salz und Pfeffer unterrühren.

Die Remoulade schmeckt noch besser, wenn Ihr sie vor dem Servieren 2–3 Stunden im Kühlschrank durchziehen lasst.

Mit der Remoulade könnt Ihr entweder Eure kalten Platten (Schnittchen & Co.) aufpimpen oder sie klassisch zu Fischgerichten servieren. Am besten passt sie natürlich zu Backfisch oder paniertem Fisch.

DATTEL-DIP

ZUTATEN

200 g Schmand
150 g Frischkäse (natur)
Je 1 Prise Salz & Pfeffer
1 TL Currypulver
100 g Soft-Datteln, entsteint
1 Knoblauchzehe

Schmand und Frischkäse verrühren und mit Salz, Pfeffer und Currypulver würzen. Die Datteln fein hacken und den Knoblauch pressen. Beides zur Creme geben und vermengen. Lasst den Dattel-Dip gern noch 2–3 Stunden im Kühlschrank durchziehen.

Am allerbesten schmeckt er mir auf frischem Baguette oder auf Sesamringen (siehe Seite 54)

SCHWIEGERMUTTER-PASTE

ZUTATEN

8 in Öl eingelegte Tomaten
2 Knoblauchzehen
180 g Schafskäse
1 EL Tomatenmark
1 EL Olivenöl
2 TL Harissa-Paste
150 g griechischer Joghurt
1 TL getrockneter Oregano
Je 1 Prise Salz & Pfeffer

Die Tomaten etwas abtropfen lassen und in feine Stückchen schneiden. Den Knoblauch pressen. Beides mit dem Schafskäse, dem Tomatenmark, dem Olivenöl und der Harissa-Paste mit einer Gabel vermengen. Anschließend mit dem Joghurt und den Gewürzen vermengen und 2–3 Stunden im Kühlschrank ziehen lassen.

Wer sich jetzt über die Bezeichnung „Schwiegermutter-Paste" wundert, sollte diese unbedingt googeln. Ich habe mich ehrlich gesagt auch kaputtgelacht, als ich diese Paste vor Jahren an einem türkischen Stand entdeckt habe. Aber scheinbar gibt es diese dort öfter, denn ich habe sie mittlerweile schon an diversen Ständen gesichtet.

KAROTTEN-JOGHURT-DIP

ZUTATEN

500 g Möhren
1 EL Olivenöl
¼ Bund glatte Petersilie
3 Knoblauchzehen
Je 1 Prise Salz & Pfeffer
250 g griechischer Joghurt
Spritzer Zitronensaft

Die Möhren schälen und fein raspeln. Diese dann in Olivenöl 2–3 Minuten bei mittlerer Temperatur anschwitzen. Auf einen Teller geben und abkühlen lassen.

Die Petersilie fein hacken und den Knoblauch pressen. Beides zusammen mit Salz und Pfeffer in den Joghurt einrühren. Dann die Möhren untermengen.

In einer flachen Schale anrichten und mit etwas Zitronensaft beträufeln.

Diesen Dip findet man in türkischen Restaurants häufig als Vorspeise. Ab und zu wird er auch als Karottensalat bezeichnet. Er ist definitiv mal etwas anderes und erfreut sich immer größerer Beliebtheit.

COCKTAIL-SAUCE

ZUTATEN

200 g griechischer Joghurt
2 EL Tomatenketchup
2 EL Mayonnaise
30 ml Milch
Saft einer ½ Zitrone
1 TL Worcester Sauce
1 gestrichener TL Zucker
Je 1 Prise Salz & Pfeffer

Alle Zutaten in eine Schüssel geben und miteinander verrühren. Das war's. Lasst die Cocktail-Sauce noch 2–3 Stunden im Kühlschrank ziehen.

Ihr könnt sie super zu Seafood jeglicher Art servieren. Mit der Sauce könnt Ihr auch super einen Krabbencocktail zubereiten. Hierzu einfach die gewünschte Menge Krabben direkt in die Sauce geben.

THUNFISCH-CREME

ZUTATEN

- 1 Dose Thunfischfilets in eigenem Saft (Abtropfgewicht 150 g)
- ¼ Bund glatte Petersilie
- 100 g Crème fraîche
- 50 g Mayonnaise
- Saft einer ½ Zitrone
- Je 1 Prise Salz & Pfeffer

Den Thunfischsaft abgießen, den Thunfisch in eine Schüssel geben und mit einer Gabel etwas zerkleinern. Die Petersilie fein hacken. Crème fraîche, Mayonnaise und Zitronensaft hinzugeben und alles miteinander vermischen. Zum Schluss mit Salz und Pfeffer abschmecken.

Die Thunfisch-Creme schmeckt pur zu warmem Brot, Ihr könnt sie aber auch als Basis für ein leckeres Thunfisch-Baguette nehmen: Gebt dazu noch eine kleine Dose Mais hinzu, streicht die Creme auf ein frisch aufgebackenes Baguette und belegt es mit Zwiebeln und Salat.

RÄUCHERLACHS-CREME

ZUTATEN

200 g Räucherlachs
100 g Crème fraîche
100 g Schmand
Spritzer Zitronensaft
Je 1 Prise Salz & Pfeffer

Den Lachs in kleine Streifen schneiden. 150 g des Lachses zusammen mit den weiteren Zutaten pürieren. Dann die restlichen Streifen einfach unterrühren.

Für Fans von Räucherlachs ein absolut genialer Dip. Schmeckt auch super zu Pellkartoffeln.

EINGELEGTE PEPERONI-DIP

ZUTATEN

10 eingelegte Peperoni (mild oder scharf)

2 Knoblauchzehen

175 g Frischkäse (natur)

1 EL Olivenöl

Je 1 Prise Salz & Pfeffer

Die Peperoni fein hacken und den Knoblauch pressen. Mit dem Frischkäse und dem Olivenöl in eine Schüssel geben und alles gut vermischen. Ihr könnt hier gern noch etwas Flüssigkeit aus dem Glas der eingelegten Peperoni hinzugeben, damit der Dip noch geschmeidiger wird.

Am Ende mit Salz und Pfeffer abschmecken.

Der Dip ist perfekt geeignet für alle, die es etwas schärfer mögen. Er ist sehr würzig und passt hervorragend zu frisch gebackenem Baguette.

KÄSE-SAUCE FÜR NACHOS & CO.

ZUTATEN

1 große, rote Chili (milde Sorte)

120 g Sahne

250 g Schmelzkäse in Scheiben (Toastkäse)

1 EL heller Essig

Je 1 Prise Salz & Pfeffer

Die Chili entkernen und fein hacken. Zusammen mit der Sahne, dem Essig und der Prise Salz und Pfeffer in einen Topf geben und langsam erhitzen.

Den Käse einfach mit der Hand klein zupfen und nach und nach unter Rühren in den Topf geben. Es sollte nicht anfangen zu kochen! So lange weiterrühren, bis der Käse komplett geschmolzen ist.

Ihr könnt die Sauce noch warm servieren. Je länger Ihr sie abkühlen lasst, umso fester wird sie wieder.

Sie passt hervorragend zu Nachos oder als Sauce zu Chili Cheese Fries.

KLASSISCHE KRÄUTERBUTTER

½ Bund Schnittlauch
½ Bund glatte Petersilie
150 g weiche Butter
2 Knoblauchzehen
½ TL Salz
1 EL Olivenöl
***Optional:** ½ TL Honig*

Schnittlauch und Petersilie fein hacken und zur Butter geben. Den Knoblauch pressen und ebenfalls hinzugeben. Alle weiteren Zutaten hinzufügen und alles mit einer Gabel verkneten. Durch das Olivenöl ist die Butter schön streichzart und der Honig verleiht der Butter eine leicht süßliche Note. Solltet Ihr dies nicht mögen, lasst den Honig gern weg. Lasst die Butter anschließend 2–3 Stunden im Kühlschrank ziehen. Sie schmeckt natürlich nicht nur als Brotaufstrich, sondern passt auch hervorragend zu Steak oder Fisch.

EINFACHE TOMATENBUTTER

150 g weiche Butter
2 Knoblauchzehen
50 g Tomatenmark
½ TL Salz
1 TL getrockneter Oregano

Den Knoblauch pressen und zusammen mit den anderen Zutaten zur Butter geben. Alles gut mit einer Gabel verkneten, bis sich die Zutaten gut verbunden haben. Lasst die Butter idealerweise noch 2–3 Stunden im Kühlschrank ziehen.

Ich finde die Tomatenbutter besonders lecker zu Folienkartoffeln.

Tipp: Denkt unbedingt daran, die Butter-Varianten rechtzeitig vor dem Verzehr herauszustellen, damit sie wunderbar streichzart sind.

RÖSTZWIEBEL-BUTTER

½ Bund Schnittlauch
150 g weiche Butter
3 EL Röstzwiebeln
½ TL Salz
1 Prise Pfeffer

Den Schnittlauch fein hacken und zusammen mit den anderen Zutaten zur Butter geben. Alles mit einer Gabel verkneten, bis sich die Zutaten gut verbunden haben. Wenn Ihr die Röstzwiebeln etwas weicher mögt, dann lasst die Butter gern noch 2–3 Stunden im Kühlschrank ziehen.

Für alle Zwiebel-Fans ist diese Butter eine tolle Alternative zur herkömmlichen Kräuterbutter.

CURRY-DATTEL-BUTTER

6 Datteln
1 Knoblauchzehe
150 g weiche Butter
1 gestrichener TL Currypulver
½ TL Salz

Die Datteln in kleine Stücke hacken und den Knoblauch pressen. Beides zusammen mit den restlichen Zutaten zur Butter geben und alles gut mit einer Gabel verkneten. Lasst die Butter gerne noch 2–3 Stunden im Kühlschrank ziehen.

Sie schmeckt auf Brot sehr lecker, passt aber auch super zu gegrilltem Geflügel.

Hier findet Ihr eine Auswahl meiner liebsten Brot- und Brötchenrezepte, welche Ihr perfekt zu Euren Lieblings-Dips reichen könnt. Die Zubereitung aller Rezepten ist kinderleicht und auch für Backanfänger problemlos umsetzbar.

Köstliche
BROTE &
BRÖTCHEN

RADLERBROT
AUS DER KASTENFORM

ZUTATEN

500 g Weizenmehl Type 405
1 Päckchen Backpulver
½ TL Salz
1 Flasche Radler (0,33 l)
½ Zwiebel oder 3 EL Röstzwiebeln
120 g magere Schinkenwürfel
180 g geriebener Käse, z. B. Emmentaler

Mehl, Backpulver und Salz vermengen, dann das Radler hinzugeben. Alles zunächst mit den Knethaken des Handrührgerätes vermengen, dann mit den Händen weiterkneten, bis Ihr einen schönen Teig habt. Dieser darf noch leicht klebrig sein.

Die Zwiebel fein hacken, diese zusammen mit den Schinkenwürfeln und dem Käse zum Teig geben und mit den Händen gut einarbeiten, bis alles gut verteilt ist.

Den Teig in einer mit Backpapier ausgelegten Kastenform verteilen und für 50–60 Minuten bei 170 °C Umluft backen. Ich backe das Brot zunächst für 35–40 Minuten auf mittlerer Schiene und setzte es dann für die restliche Backzeit auf die unterste Schiene runter.

Je nach Größe Eurer Kastenform könnte die Backzeit etwas variieren. Testet nach 50 Minuten, ob Euer Brot „durch" ist. Hierzu nehmt Ihr es aus dem Ofen, lasst es kurz abkühlen, und holt es dann mit dem Backpapier aus der Form. Dieses sollte sich nun halbwegs vom Brot lösen lassen. Ist das noch nicht der Fall, dann gebt es noch einmal für ein paar Minuten zurück in den Ofen.

Das Brot eignet sich perfekt zum Grillen. Es schmeckt warm, aber auch gut durchgezogen, am nächsten Tag, kalt. Ich durfte das Radlerbrot selbst vor einiger Zeit auf einer Grillparty probieren und musste mir direkt das Rezept für Euch dort abzuluchsen.

10–12
Personen

SONNTAGSBRÖTCHEN-ZUPFBROT

ZUTATEN

1 Dose Sonntagsbrötchen (6 Stück)
2 Knoblauchzehen
½ Bund Schnittlauch
3 EL Olivenöl
100 g geriebener Käse

Den Ofen auf 190 °C Ober-/Unterhitze vorheizen und eine Kastenform mit Backpapier auslegen.

Jeden Teigling in 6 Stücke schneiden und den Knoblauch pressen. Beides in eine Schüssel geben. Den Schnittlauch fein hacken und zusammen mit dem Olivenöl ebenfalls in die Schüssel geben. Alles gut vermengen und in der Kastenform verteilen. Abschließend mit Käse bestreuen.

Für etwa 25 Minuten in den Ofen geben.

Noch warm direkt abzupfen oder abgekühlt genießen.

Das Brot ist eine super Beilage zum Grillen und macht garantiert Laune.

Variante: Alternativ könnt Ihr auch Pizzateig verwenden, aus dem Ihr einfach kleine Bällchen formt.

10–12
Personen

ÜBER-NACHT-BRÖTCHENKRANZ

Gleichmäßig verteilen & über Nacht gehen lassen

ZUTATEN

450 g Weizenmehl Type 405
1½ TL Salz
1 TL Zucker
1 Päckchen Trockenhefe
250 ml lauwarmes Wasser
1 EL Rapsöl
1 gute Handvoll Kerne Eurer Wahl, z. B. Sonnenblumenkerne, Sesam, Mohn, etc.

Am Abend zuvor: Den Boden der Springform mit Backpapier auslegen und etwas bemehlen.

Mehl, Salz, Zucker und Hefe in einer Schüssel vermengen. Das lauwarme Wasser und das Öl hinzugeben und mit den Knethaken Eures Handrührgeräts oder Eurer Küchenmaschine ca. 10 Minuten lang zu einem geschmeidigen Teig verarbeiten. Dann eine große Kugel formen.

Diese dann zu einer Rolle umarbeiten und in 8 Stücke teilen. Jedes zu einer Kugel formen, mit ein bisschen Wasser benetzen und in den Körnern Eurer Wahl wälzen.

Die 8 Teiglinge verteilt Ihr dann gleichmäßig, mit Abstand zum Gehenlassen, in der Springform.

Deckt die Form fest mit Alufolie ab und stellt sie über Nacht in den Kühlschrank. Die Teiglinge dürfen nun 10–12 Stunden schlummern, also perfekt für die Zubereitung kurz vor dem Zubettgehen.

Am nächsten Morgen entfernt Ihr die Alufolie, schneidet die Brötchen mit einem scharfen Messer in der Mitte leicht kreuzförmig ein und stellt die Form auf die mittlere Schiene Eures nicht vorgeheizten Ofens. Diesen stellt Ihr dann auf 200 °C Ober-/Unterhitze und backt Euren Brötchenkranz für 30–35 Minuten, bis er für Euch die gewünschte Farbe angenommen hat.

KNOBLAUCH-
PFANNENBROT

Wer mag, kann auch noch etwas geriebenen Käse darauf verteilen. So oder so sind die Pfannenbrote ein genialer Snack oder eine prima Vorspeise. Natürlich könnt Ihr dann auch noch einen der leckeren Dips aus diesem Buch dazu reichen.

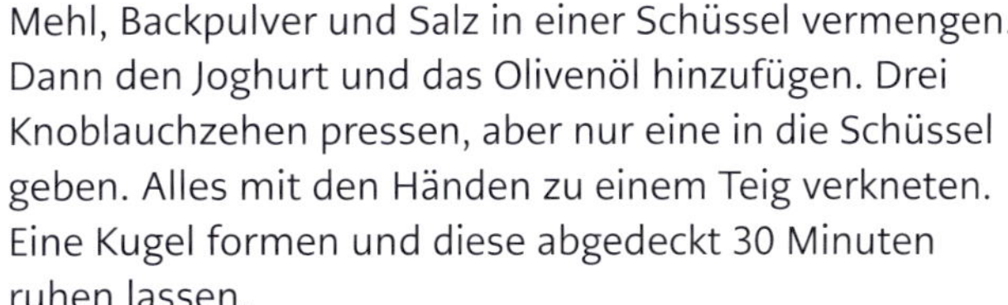

ZUTATEN

320 g Weizenmehl Type 405
1 gehäufter TL Backpulver
1 gestrichener TL Salz
250 g griechischer Joghurt
1 EL Olivenöl
3 Knoblauchzehen
¼ Bund glatte Petersilie oder Schnittlauch
25 g weiche Butter
Zusätzlich etwas Öl zum Anbraten

Mehl, Backpulver und Salz in einer Schüssel vermengen. Dann den Joghurt und das Olivenöl hinzufügen. Drei Knoblauchzehen pressen, aber nur eine in die Schüssel geben. Alles mit den Händen zu einem Teig verkneten. Eine Kugel formen und diese abgedeckt 30 Minuten ruhen lassen.

Petersilie oder Schnittlauch fein hacken. Die Butter mit den zwei restlichen Knoblauchzehen und den gehackten Kräutern vermengen und beiseitestellen.

Die Teigkugel nach der Ruhezeit in vier Portionen teilen und auf einer bemehlten Arbeitsfläche zu jeweils einem Fladen ausrollen. Die Fladen sollten dabei etwas kleiner als Eure Pfanne sein.

Etwas Öl in der Pfanne erhitzen und die Fladen jeweils von jeder Seite etwa 2–3 Minuten braten. Wenn der Fladen an der Oberseite anfängt, Blasen zu schlagen und die Unterseite leicht gebräunt ist, könnt Ihr ihn mithilfe eines Pfannenwenders umdrehen.

Die Brote noch heiß mit der Butter bestreichen und servieren.

GRUNDREZEPT

WEISSBROT

Ich persönlich verwende zum Backen des Brotes eine Brotbackform mit 1,8 l-Fassungsvermögen. Ihr könnt das Brot zum Beispiel auch in einem ofenfesten Topf backen, in einer Kuchenform (welche Ihr mit Alufolie abdeckt) oder auch ganz ohne Form. Dadurch verringert sich die Backzeit ohne Deckel um ein paar Minuten.

ZUTATEN

1 Päckchen Trockenhefe
½ TL Zucker
340 ml lauwarmes Wasser
500 g Weizenmehl Type 405
1 gehäufter TL Salz
2 EL Öl, z. B. Rapsöl oder ein hitzebeständiges Olivenöl

Tipp: Wenn Ihr das Brot angeschnitten habt, bewahrt es mit der Schnittfläche nach unten auf einem Brett auf und deckt es leicht mit einem Küchenhandtuch ab. So bleibt es frisch.

Ihr könnt den Teig auch als Basis nehmen und das Brot nach Belieben verfeinern, indem Ihr zum Beispiel Röstzwiebeln, gehackte oder eingelegte Tomaten, Oliven, etc. einknetet.

Wir lieben dieses Brot und ich serviere es regelmäßig zum Grillen, Ihr wisst schon, mit den eigentlichen Stars, den Dips!

Die Hefe zunächst zusammen mit dem Zucker in lauwarmes Wasser einrühren, bis sie sich aufgelöst hat. Das Hefegemisch 10 Minuten abgedeckt stehen lassen.

Mehl und Salz in eine Schüssel geben und in der Mitte eine Mulde bilden. Dort mit Schwung das Hefegemisch hineinschütten. Den Teig mit den Knethaken Eures Handrührgerätes oder Eurer Küchenmaschine für 3 Minuten kneten, dann das Öl langsam hinzugeben und noch einmal etwa 7 Minuten weiterkneten.

Nun deckt Ihr die Schüssel ab und stellt sie für 10–12 Stunden an einen kühlen Ort, z. B. in den Keller oder in den Kühlschrank.

Backofen auf 250 °C Ober-/Unterhitze vorheizen. Nehmt währenddessen den Teig, legt ihn auf eine leicht bemehlte Arbeitsfläche und knetet ihn noch mal mit den Händen gut durch. Immer von außen zur Mitte hin.

Den Teig mit der Oberseite nach unten in die bemehlte Form geben und mit einem Deckel verschließen.

Das Brot wird für 30 Minuten mit Deckel gebacken und dann noch mal für weitere 20 Minuten ohne Deckel, damit es eine schöne Kruste bekommt.

Wenn Ihr das Brot aus dem Ofen holt und mit der Hand auf die Unterseite klopft, sollte es sich „hohl“ anhören. Ist das der Fall, dann ist das ein sicheres Zeichen dafür, dass das Brot durchgebacken ist.

HERZHAFTE BRÖTCHEN-MUFFINS

⅓ Bund Schnittlauch

1 Dose Sonntagsbrötchen aus dem Kühlregal (6 Stück)

150 g geriebener Mozzarella

75 g Schinkenwürfel

2 EL Olivenöl

Den Ofen auf 180 °C Ober-/Unterhitze vorheizen. Den Schnittlauch fein hacken.

Die Teiglinge jeweils in 8 Stücke schneiden und mit zwei Dritteln des Käses, den gesamten Schinkenwürfeln, Schnittlauch und Öl in einer Schüssel vermengen.

Ein Muffinblech einfetten oder mit neun Muffinförmchen befüllen.

Den Teig auf die Förmchen verteilen und den restlichen Käse darüber geben. 15 Minuten backen.

Ihr könnt Sie warm oder kalt genießen und natürlich mit Zutaten Eurer Wahl ganz nach Eurem Geschmack abwandeln.

Der „Retter in der Not", wenn Ihr auf der Suche nach einem flotten und leckeren Snack seid: Mit Blätterteig aus dem Kühlregal kann man im Handumdrehen und mit wenigen Zutaten einfach großartige Snacks zaubern – süße wie herzhafte.

Hier habt Ihr sechs schnelle, herzhafte Rezepte, die Ihr noch warm, aber auch bereits abgekühlt, servieren könnt.

Fix
GEMACHT
MIT
BLÄTTERTEIG

SCHAFSKÄSE-SCHNECKCHEN

1 Rolle Blätterteig
250 g Schafskäse
⅓ Bund glatte Petersilie
2 Eier (Größe M)
Je 1 Prise Salz & Pfeffer
1 EL Sesam

Den Ofen auf 180–200 °C Ober-/Unterhitze vorheizen (nehmt gern die Angabe auf der Blätterteig-Packung) und ein Backblech mit Backpapier auslegen.

Den Blätterteig darauf ausrollen.

Den Schafskäse mit einer Gabel zerkleinern. Die Petersilie fein hacken. Beides mit einem Ei und einer Prise Salz und Pfeffer vermengen und auf dem Blätterteig verstreichen.

Von der kurzen Seite her aufrollen und mit einem scharfen Messer in 12 Stücke schneiden.

Diese mit der Schnittfläche nach oben auf dem Blech verteilen.

Ein Ei verquirlen und die Schnecken damit bepinseln. Den Sesam darüber verteilen.

Für ca. 15–20 Minuten goldbraun backen.

Die kleinen Schneckchen schmecken, warm wie kalt, superlecker.

KNUSPERSTANGEN
MIT BACON & CHEDDAR

ZUTATEN

1 Rolle Blätterteig
1 Ei (Größe M)
100 g Bacon-Scheiben
70 g geriebener Cheddar-Käse
1 EL Sesam

Den Ofen auf 180–200 °C Ober-/Unterhitze vorheizen (nehmt gern die Angabe auf der Blätterteig-Packung) und ein Backblech mit Backpapier auslegen.

Das Ei verquirlen. Den Blätterteig ausrollen und mit dem Ei bestreichen, dann den Bacon auf die eine Hälfte legen und diesen mit zwei Dritteln des Cheddars bestreuen.

Den Blätterteig zuklappen und an den Seiten zusammendrücken. In sechs Streifen schneiden.

Diese dann drei Mal eindrehen und auf das Backblech legen.

Erneut mit Ei bepinseln, den Sesam sowie den restlichen Käse darauf verteilen und für ca. 20 Minuten backen.

Die Knusperstangen schmecken besonders lecker, wenn sie frisch aus dem Ofen kommen und der Käse innen noch flüssig ist.

6
Personen

TOMÄTCHEN-QUADRÄTCHEN

Für 12–16 Stück

1 Rolle Blätterteig
2 große Tomaten
2 Knoblauchzehen
4 EL Basilikum-Pesto
1–2 EL Olivenöl

Den Ofen auf 180–200 °C Ober-/Unterhitze vorheizen (nehmt gern die Angabe auf der Blätterteig-Packung) und ein Backblech mit Backpapier auslegen.

Den Blätterteig ausrollen und in Quadrate schneiden. Diese mit Pesto bestreichen. Lasst gern am Rand immer ein wenig Platz, damit man sie später besser essen kann.

Den Strunk der Tomaten entfernen und diese in Scheiben schneiden. Die Blätterteig-Quadrate damit belegen. Den Knoblauch fein hacken und auf den Tomaten verteilen. Mit dem Olivenöl beträufeln und für 15–20 Minuten in den Ofen geben.

Der leckere, vegetarische Snack schmeckt kalt wie warm.

FLOTTE SESAMRINGE

200 ml Wasser
2 TL Honig oder Granatapfelsirup
100 g Sesam
1 Rolle Blätterteig
50 g geriebener Käse

Den Ofen auf 180–200 °C Ober-/Unterhitze vorheizen (nehmt gern die Angabe auf der Blätterteig-Packung) und ein Backblech mit Backpapier auslegen.

Wasser mit Honig oder Granatapfelsirup in einem tiefen Teller verrühren. Den Sesam auf einen separaten Teller geben.

Den Blätterteig ausrollen und den Käse darauf verteilen. Abschnittsweise von der kurzen Seite her einrollen, dann immer einen eingerollten Strang abschneiden und zu einem Ring eindrehen. Das ganze noch siebenmal wiederholen, sodass Ihr am Ende 8 Ringe habt. Die Ringe nun vorsichtig durch die Flüssigkeit ziehen und dann in Sesam wälzen.

Aufs Backblech geben und etwa 20 Minuten goldbraun backen.

Die Sesamringe aus Blätterteig sind eine flotte und unkomplizierte Alternative zu den Sesamringen aus Hefeteig.

KÄSE-SCHINKEN-KISSEN

ZUTATEN

2 Rollen Blätterteig
75 g Kräuterfrischkäse
75 g Schmand
150 g Kochschinken
200 g Käse in Scheiben, z. B. Gouda
1 Ei (Größe M)
1 EL Sesam

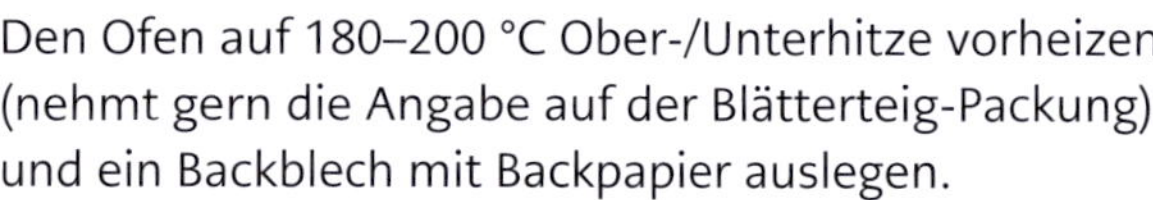

Den Ofen auf 180–200 °C Ober-/Unterhitze vorheizen (nehmt gern die Angabe auf der Blätterteig-Packung) und ein Backblech mit Backpapier auslegen.

Die erste Rolle Blätterteig darauf ausrollen. Frischkäse und Schmand verrühren und auf dem Blätterteig verstreichen. Erst mit Schinken, dann mit Käse belegen und den zweiten Blätterteig obendrauf legen. Drückt ihn gern ein kleines bisschen an.

Dann schneidet Ihr den Blätterteig in 24 „Kissen“.

Verquirlt das Ei und bepinselt die Kissen damit. Mit Sesam bestreut, kommen sie zuletzt für 15–20 Minuten in den Ofen.

Warm schmecken sie am besten, dann sind sie auch noch schön knusprig. Allerdings bleiben sie auch am nächsten Tag durch die Füllung noch ziemlich saftig und schmecken auch noch super.

Für
24 Stück

„MINI-BURGER"
MIT THUNFISCH

Solltet Ihr die Mini-Burger für später vorbereiten, dann füllt sie am besten erst kurz vor dem Servieren, da sie nach einiger Zeit weicher werden.

ZUTATEN

- 1 Rolle Blätterteig
- 1 EL weiche Butter
- 1 Ei (Größe M)
- 1 EL Sesam

Für die Füllung:

- ¼ Bund Schnittlauch
- Ca. ¾ Dose Thunfisch in eigenem Saft (150 g Abtropfgewicht)
- 100 g Kräuterfrischkäse
- Je 1 Prise Pfeffer & Salz

Den Ofen auf 180–200 °C Ober-/Unterhitze vorheizen (nehmt gern die Angabe auf der Blätterteig-Packung) und ein Backblech mit Backpapier auslegen.

Den Blätterteig zur Hälfte mit Butter bestreichen. In der Mitte durchschneiden und zuklappen. Mit einer Ausstechform oder einem Schnapsglas kleine Kreise ausstechen und diese auf ein Backblech setzen.
Es sollte sich am Ende möglichst eine gerade Anzahl daraus ergeben. Die Reste könnt Ihr einfach mitbacken und nachher so snacken.

Das Ei verquirlen und den Blätterteig oben damit bepinseln. Mit Sesam bestreuen.

Die Kreise für etwa 10 Minuten backen, bis sie goldbraun sind. Schaut unbedingt zwischendurch nach! Dadurch, dass sie so klein sind, brauchen sie nicht lange.

Abkühlen lassen und die „Burger"-Hälften wieder trennen. Durch die Butter geht dies sehr leicht, nahezu von selbst.

Für die Thunfisch-Creme: Den Schnittlauch fein hacken, den Thunfisch abgießen und mit einer Gabel etwas zerkleinern. Diesen mit dem Frischkäse und dem Schnittlauch vermengen. Schmeckt die Creme am Ende gern mit Salz und Pfeffer ab.

Die Creme auf die Blätterteig-Burger streichen, die zweite Hälfte daraufsetzen und servieren.

Natürlich dürfen auch ein paar unkomplizierte Snacks nicht fehlen! Ein bisschen Vorbereitung ist gefragt, dann regelt der Ofen den Rest für Euch. So braucht Ihr sie dann einfach nur in den Ofen schieben, kurz bevor sie serviert werden sollen.

Snacks
AUS DEM
OFEN

ÜBERBACKENE HAWAII-BRÖTCHEN

Bei diesem Rezept fühle ich mich immer in der Zeit der diversen Partys aus den 90ern zurückversetzt. Da gab es oft diese überbackenen Brötchen und jeder hat sich drauf gestürzt.

ZUTATEN

4 Baguette-Brötchen zum Aufbacken

150 g Ananas aus der Dose (Abtropfgewicht)

100 g Kochschinken

150 g geriebener Käse

200 g Schmand

Je 1 Prise Salz & Pfeffer

***Optional:** ein paar gehackte Kräuter nach Wahl*

Den Ofen auf 200 °C Umluft vorheizen.

Die Baguette-Brötchen aufschneiden und auf ein mit Backpapier ausgelegtes Backblech setzen.

Die Ananas abtropfen lassen und zusammen mit dem Schinken fein würfeln. Beides mit Käse und Schmand vermengen und mit Salz und Pfeffer würzen.

Die Creme gleichmäßig auf den Brötchenhälften verteilen und diese dann für ca. 25 Minuten in den Ofen geben, bis sie schön knusprig gebacken sind.

Tipp: Nutzt das Rezept gern als Basisrezept und wandelt es mit Zutaten nach Eurer Wahl ab. Die Basis ist immer Schmand, Käse sowie Salz und Pfeffer. Ihr könnt zum Beispiel auch Thunfisch hinzugeben, gewürfelte Paprika, Salami, etc. – nehmt das, was Ihr mögt.

Für
12 Stück

KARTOFFEL-MUFFINS

ZUTATEN

500 g festkochende Kartoffeln
1 mittelgroße Zwiebel
100 g geriebener Parmesan
150 g Schinkenwürfel
1 TL Kräuter der Provence
Je 1 Prise Salz & Pfeffer
2 Eier (Größe M)
150 g Mehl
1 Päckchen Backpulver
4 EL Milch
Optional: *ca. 150 g Crème fraîche mit Kräutern und etwas Kresse zum Toppen*

Den Backofen auf 190 °C Ober-/Unterhitze vorheizen.

Idealerweise nutzt Ihr für dieses Rezept ein Muffinblech, welches Ihr entweder einfettet oder mit Muffinförmchen auslegt.

Die Kartoffeln waschen und schälen. Diese dann in eine Schüssel reiben. Die Zwiebel fein hacken und zu den Kartoffeln geben. Den Parmesan reiben und zwei Drittel davon ebenfalls in die Schüssel geben. Schinkenwürfel, Kräuter der Provence, eine Prise Salz und Pfeffer, sowie die beiden Eier hinzugeben. Alles kurz mit einer Gabel verrühren.

Mehl mit Backpulver separat vermischen und dann zum Kartoffelteig geben. Nun die Milch in den Teig schütten und alles noch mal gut vermengen, hierfür einen großen Löffel oder einen Teigschaber nutzen.

Sobald sich alles gut verbunden hat, teilt Ihr den Teig auf das Muffinblech auf und backt die Kartoffel-Muffins für 25 Minuten auf der mittleren Schiene.

Dann verteilt Ihr den restlichen Parmesan auf den Muffins und backt sie für weitere 15 Minuten, bis der Käse goldgelb und knusprig ist.

Die Muffins könnt Ihr warm oder kalt genießen.

Tipp: Ihr könnt sie gern noch mit einem Klecks Kräuter-Crème fraîche und Kresse toppen.

FLAMMKUCHEN-LAUGENBREZELN

4 TK-Laugenbrezeln
1 Frühlingszwiebel
100 g Crème fraîche
1 Ei
50 g geriebener Käse
50 g Schinkenwürfel
Je 1 Prise Salz & Pfeffer

Die Brezeln auf einem mit Backpapier ausgelegten Backblech etwa 30 Minuten antauen lassen.

Den Ofen auf 200 °C Ober-/Unterhitze vorheizen.

Die Frühlingszwiebel in feine Ringe schneiden und mit Crème fraîche, Ei, geriebenem Käse und Schinkenwürfeln vermengen. Mit Salz und Pfeffer abschmecken.

Diese Füllung gleichmäßig in die „Zwischenräume" der Brezeln verteilen.

Die Brezeln für 25 Minuten in den Ofen geben. Lasst sie nach dem Backen auf dem Blech noch 5 Minuten ruhen, damit sich die Füllung etwas verfestigt.

Übrigens könnt Ihr sie auch kalt genießen oder mitnehmen, hierfür lasst Ihr sie dann einfach komplett auf dem Blech erkalten. Dadurch werden sie schön stabil.

PIZZA-TOASTS

ZUTATEN

4 EL Tomatenmark
1 Schuss Wasser
1 TL Pizzagewürz oder italienisches Gewürz
Je 1 Prise Salz & Pfeffer
4 Scheiben Sandwich-Toast
150 g geriebener Käse
8 kleine Scheiben Salami

Den Backofen auf 200 °C Ober-/Unterhitze vorheizen und ein Rost mit Backpapier auslegen.

Für die Tomatensauce rührt Ihr das Tomatenmark mit einem Schuss Wasser glatt und gebt die Gewürze hinzu.

Die vier Toasts damit bestreichen und dann mit Käse und Salami belegen. Jeweils zwei Toasts übereinander stapeln und aufs Backblech geben.

Für ca. 15 Minuten backen, bis sie knusprig sind. Einmal längs teilen und servieren.

Natürlich seid Ihr bei dem Belag flexibel und könnt die Pizza-Toasts auch vegetarisch gestalten, z. B. mit Tomate und Mozzarella oder mit gewürfelter Paprika.

Tipp: Ihr könnt die Toasts auch in der Heißluftfritteuse zubereiten. Hier benötigen sie bei 180 °C etwa 10 Minuten.

Für
4 Stück

PARTY-BAGUETTES

MIT SCHMELZKÄSE

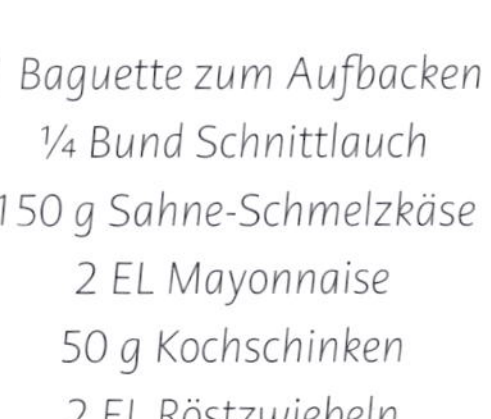

1 Baguette zum Aufbacken
¼ Bund Schnittlauch
150 g Sahne-Schmelzkäse
2 EL Mayonnaise
50 g Kochschinken
2 EL Röstzwiebeln
Je 1 Prise Salz & Pfeffer

Den Ofen auf 220 °C Ober-/Unterhitze vorheizen und ein Backblech mit Backpapier auslegen.

Die Baguettes aufschneiden und aufs Blech setzen. Für 5 Minuten vorbacken.

Den Schnittlauch fein hacken, den Kochschinken fein würfeln und mit den restlichen Zutaten verrühren. Die Baguette-Hälften damit bestreichen und für weitere 7–8 Minuten im Ofen backen, bis sie schön knusprig sind.

KNUSPRIG PANIERTER SCHAFSKÄSE MIT HONIG

Sehr gut schmeckt der panierte Schafskäse entweder auf einem leckeren Salat oder zusammen mit frischem Brot. Ihr könnt gern ein paar Scheiben Baguette im Ofen mitrösten. Dann könnt Ihr ihn portionsweise mit einem Messer darauf streichen und habt sowas wie einen „heißen" Dip. Auch superlecker.

ZUTATEN

1 Schafskäse (180–200 g)
4 EL Mehl
1 Ei
2 EL Walnüsse
1 EL Sesam
3 EL Paniermehl
1 TL getrockneter Thymian oder Kräuter der Provence
1–2 TL Honig zum Beträufeln

Den Backofen auf 220 °C Ober-/Unterhitze vorheizen.

Zunächst die Panierstraße vorbereiten. Hierfür das Mehl auf einen Teller geben, das Ei auf einem weiteren, tiefen Teller verquirlen. Für die Knusperschicht die Walnüsse fein hacken und auf einem dritten Teller mit Sesam, Paniermehl und Thymian vermengen.

Den Schafskäse panieren. Hierfür zunächst von allen Seiten in Mehl wälzen, die Reste vorsichtig abschütteln, dann durch das Ei ziehen und zuletzt in der Knusperschicht wälzen.

Den Schafskäse auf ein mit Backpapier ausgelegtes Blech geben und für 15–20 Minuten in den Ofen geben. Ihr könnt ihn auch super in der Heißluftfritteuse zubereiten. Hier benötigt er bei 200 °C etwa 10–12 Minuten.

Den Honig könnt Ihr entweder anschließend über den Schafskäse träufeln oder bereits nach der Hälfte der Backzeit im Ofen darüber geben.

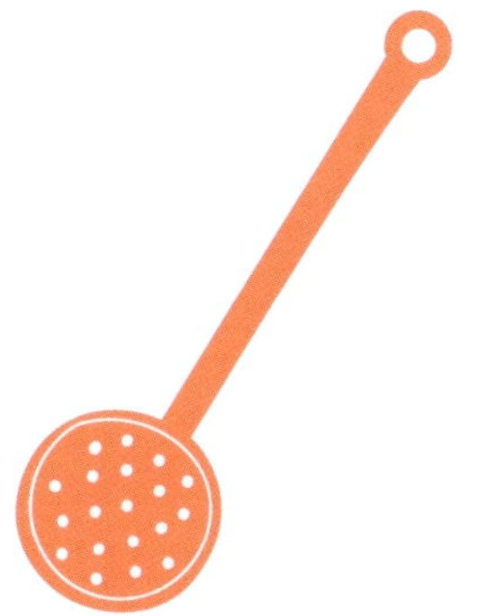

FLADENBROT-PIZZA

1 Fladenbrot

1 Knoblauchzehe

250 g passierte oder gehackte Tomaten (aus der Dose)

2 EL Tomatenmark

1 EL Olivenöl

1 TL Pizzagewürz oder italienische Kräuter

Je 1 Prise Salz & Pfeffer

200 g geriebener Käse

Belag nach Wahl: *zum Beispiel Thunfisch, Mais, Zwiebeln, eingelegte Peperoni, Salami, etc.*

Den Ofen auf 220 °C Ober-/Unterhitze vorheizen und ein Rost mit Backpapier auslegen.

Das Fladenbrot durchschneiden und aufs Rost geben.

Für die Sauce den Knoblauch pressen und mit den Tomaten, dem Tomatenmark, dem Öl und den Gewürzen glattrühren. Auf den Fladenbrothälften verstreichen.

Beide Hälften mit Käse und den gewünschten Zutaten belegen und für etwa 20 Minuten in den Ofen geben, bis sie schön knusprig sind.

Die Fladenbrot-Pizza ist eine unkomplizierte Variante zur klassischen Pizza, sehr schnell vorbereitet und kann übrigens auch prima als Resteverwertung genutzt werden. Den Belag könnt Ihr immer nach Geschmack individuell variieren.

MINI-KÄSE-TACOS

MIT RÄUCHERLACHS

Als Platzhalter und zur Stabilisierung, empfehle ich euch, einfach Gläser oder kleine Schüsseln dazwischen zu stellen, bis die Tacos fest sind.

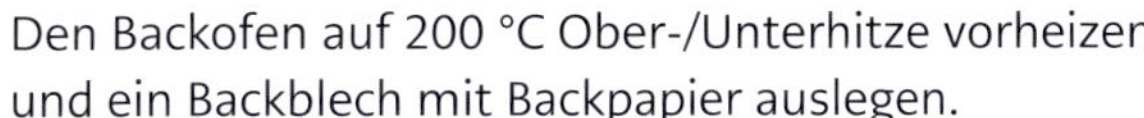

ZUTATEN

- *150 g geriebener Käse, z. B. Emmentaler*
- *150 g Räucherlachs*
- *2 EL Crème fraîche*
- *2 EL krause Petersilie oder Dill zum Garnieren*

Den Backofen auf 200 °C Ober-/Unterhitze vorheizen und ein Backblech mit Backpapier auslegen.

Den Käse in sechs, etwa gleich großen Kreisen mit genügend Abstand zueinander auf dem Backblech platzieren.

Gebt das Blech auf mittlerer Schiene in den Ofen und backt die Käse-Cracker für etwa 15 Minuten. Sie sollten leicht knusprig sein, sich aber noch biegen lassen, damit Ihr sie zu Tacos formen könnt.

Wenn Ihr die Keks-/Cracker-Form beibehalten möchtet, könnt Ihr Euch den nächsten Schritt sparen, dann könnt Ihr die Käsemasse auch in kleinere Mengen aufteilen und sie noch knuspriger backen. Lasst die Cracker dann einfach auf dem Blech erkalten und auf Küchenpapier etwas abtropfen.

Solltet Ihr die Cracker zu Tacos formen wollen, dann müsst Ihr sie sofort weiterverarbeiten, sobald Ihr sie aus dem Ofen nehmt: Die Käsekreise vorsichtig vom Blech lösen, zu Tacos formen und dann mit der Öffnung nach unten aufstellen. Als Unterlage nutzt Ihr am besten Küchenpapier, so kann noch etwas überschüssiges Fett abtropfen.

Den Räucherlachs halbieren und die Tacos/Cracker damit befüllen/garnieren und jeweils noch einen Klecks Crème fraîche, sowie Petersilie hinzugeben.

AUBERGINEN-MINI-PIZZEN

ZUTATEN

1 große Aubergine
1 Prise Salz
1 EL Öl
2 EL Tomatenmark
1 EL Wasser
1 TL Pizzagewürz
100 g geriebener Käse

Den Ofen auf 200 °C Ober-/Unterhitze vorheizen und ein Backblech mit Backpapier auslegen.

Die Aubergine in Scheiben schneiden, etwas salzen und auf Küchenpapier etwa 10 Minuten entwässern lassen, damit das Gemüse die Bitterstoffe verliert und am Ende milder schmeckt. Dann die Oberfläche ein wenig abtupfen und die Scheiben aufs Backblech legen.

Die Auberginen-Scheiben mit Öl bepinseln.

Tomatenmark mit Wasser glattrühren und mit Pizzagewürz verfeinern. Die Auberginen-Scheiben damit bestreichen und mit Käse bestreuen.

Für etwa 15–20 Minuten in den Ofen geben.

Für
10 Stück

OFENBROT-

VARIATIONEN

Ofenbrote sind immer ein beliebter Snack, nicht zuletzt, weil Ihr sie individuell mit Zutaten ganz nach Eurem Geschmack belegen könnt, so z. B. auch mit Schinkenwürfeln, Gemüsewürfeln, Tomaten, etc.

BASIC-ZUTATEN

1 Scheibe dick geschnittenes Roggenbrot
1 TL Crème fraîche
2 TL Frischkäse
25 g geriebener Käse
Salz & Pfeffer
Belag nach Wahl

Den Ofen auf 180 °C Ober-/Unterhitze vorheizen.

Die Crème fraîche mit dem Frischkäse vermengen und mit Salz und Pfeffer würzen. Damit habt Ihr schon den Aufstrich. Ihr könnt die Brote mit den Zutaten Eurer Wahl belegen und am Ende mit geriebenem Käse bestreuen. 10 Minuten im Ofen überbacken.

OFENBROT MIT ZIEGEN-KÄSECREME UND FEIGEN

ZUTATEN

2 TL Ziegenfrischkäse
1 TL Crème fraîche
½ TL getrockneter Thymian
Salz & Pfeffer
1 Scheibe Roggenbrot
2 getrocknete Feigen
25 g geriebener Käse

Ziegenfrischkäse mit Crème fraîche, Thymian, Salz und Pfeffer vermengen und das Brot damit bestreichen. Die Feigen in Streifen schneiden und darüber verteilen. Dann mit Käse bestreuen und für 10 Minuten backen.

OFENBROT MIT RÄUCHER-LACHS UND FRÜHLINGSZWIEBELN

ZUTATEN

2 TL Frischkäse (natur)
1 TL Crème fraîche
Salz & Pfeffer
1 Scheibe Roggenbrot
25 g geriebener Käse
1 Scheibe Räucherlachs
½ Frühlingszwiebel

Frischkäse mit Crème fraîche, Salz und Pfeffer vermengen und das Brot damit bestreichen. Den Käse darüber geben und für 10 Minuten backen.

Den Lachs in große Streifen schneiden und die Frühlingszwiebel in feine Ringe schneiden.

Das Brot nach dem Backen damit belegen.

Zusätzlich zu den Salatrezepten, die Ihr in diesem Buch findet, gibt es hier auch eine kleine Auswahl von Grundrezepten für klassische Dressings, welche Ihr prima im Alltag für verschiedene grüne Salate einsetzen könnt.

Schnelle
SALAT
DRESSINGS

RANCH-DRESSING
WIE IM STEAKHAUS

ZUTATEN

150 g griechischer Joghurt
150 ml Buttermilch
100 g Mayonnaise
Saft einer ½ Zitrone
1 Knoblauchzehe
1 gestrichener TL Zucker
⅓ Bund glatte Petersilie
⅓ Bund Schnittlauch
Je 1 Prise Salz & Pfeffer

Für ca. 4 Portionen

Petersilie und Schnittlauch fein hacken und den Knoblauch pressen. Zusammen mit den weiteren Zutaten zu einem cremigen Dressing rühren.

Das Ranch-Dressing ist bestens geeignet für einen großen, gemischten Salat, der alles enthält, worauf Ihr Lust habt, z. B. Gurken, Tomaten, Mais, Paprika, Blattsalat, Käsewürfel und ggf. etwas Hähnchen on top. Ideal für alle, die sich so einen richtigen „Sattmacher-Salat" wünschen.

HONIG-SENF-DRESSING

ZUTATEN

3 EL Balsamico-Essig
4 TL Honig
1 gehäufter TL Senf
Je 1 Prise Salz & Pfeffer
6 EL Olivenöl

Für das Dressing alle Zutaten, bis auf das Olivenöl, miteinander verrühren, bis sich alles gut verbunden hat. Zum Schluss das Olivenöl nach und nach hinzugeben, bis Ihr ein cremiges Dressing habt.

Ich esse das Honig-Senf-Dressing am liebsten auf Blattsalaten jeglicher Art, gern auch auf etwas herberen Sorten wie Rucola und Radicchio, da liefert die Süße einen tollen Kontrast.

Für ca. 2–3 Portionen

FRUCHTIGES HIMBEER-DRESSING

ZUTATEN

1 Schalotte
200 g frische Himbeeren
2 EL heller Balsamico-Essig
2 gestrichene TL milder Senf
1 gestrichener TL Zucker
Je 1 Prise Salz & Pfeffer
6 EL Olivenöl, etwas mehr zum Anbraten

Die Schalotte fein würfeln und in etwas Öl glasig anschwitzen. Mit den restlichen Zutaten, bis auf das Olivenöl, in ein hohes Gefäß geben und pürieren. Das Olivenöl dann nach und nach mit einem Schneebesen einrühren, bis sich alles schön verbunden hat.

Das Himbeer-Dressing ist perfekt für alle, die eine fruchtige Note im Salat lieben. Es schmeckt besonders gut in Kombination mit einem Käse-Topping, sei es gratinierter Ziegenkäse, panierter Schafskäse oder leckerer Burrata.

Für ca. 4 Portionen

KLASSISCHE VINAIGRETTE

ZUTATEN

1 Schalotte
4 EL heller Essig oder Zitronensaft
½ TL Senf
1 gestrichener TL Zucker
Je 1 Prise Salz & Pfeffer
6 EL Olivenöl

Optional:
3–4 EL Kondensmilch

Die Schalotte fein würfeln und zusammen mit allen weiteren Zutaten, bis auf das Olivenöl, verrühren, bis sich alles gut verbunden hat. Zum Schluss das Olivenöl nach und nach unterrühren, bis Ihr ein cremiges Dressing habt.

Wer auf Zucker verzichten möchte, kann diesen natürlich auch weglassen. Ich persönlich mag es gern, wenn die Vinaigrette eine leicht süßliche Note hat. Am liebsten esse ich sie mit einem simplen Blattsalat.

Variante: Wenn Ihr mögt, dann könnt Ihr auch noch 3–4 EL Dosenmilch unterrühren. Vielleicht kennt das noch der ein oder andere aus früheren Zeiten?

Für ca. 2–3 Portionen

RUCOLA-DRESSING

ZUTATEN

2 Eiklar
1 EL weißer Balsamico-Essig
1 gestrichener EL Senf
1 Spritzer Tabasco
1 gute Handvoll Rucola
3 EL Olivenöl
Optional: *Salz & Pfeffer*

Die Eiklar in ein hohes Gefäß geben und mit einem Schneebesen leicht schaumig schlagen. Dann den Balsamico, den Senf, die Tabasco-Sauce und den Rucola hinzugeben und alles pürieren. Zum Schluss das Olivenöl hinzugeben und mit dem Schneebesen unterrühren.

Wer mag, schmeckt das Dressing noch mit Salz und Pfeffer ab, es ist aber schon relativ würzig.

Das Dressing passt am besten zu eher milden Salatsorten wie z. B. Eisbergsalat oder Kopfsalat.

Für ca. 2 Portionen

SAHNE-DRESSING
WIE VON OMA

ZUTATEN

200 g Sahne
2 EL Apfelessig
2 EL Zitronensaft
1 EL Zucker
1 Prise Salz
1 EL Rapsöl

Alle Zutaten in ein Glas mit Dichtung und Schraubverschluss geben und ordentlich schütteln. Schon ist das Dressing einsatzbereit.

Vielleicht kennt es ja noch der ein oder andere von Euch aus Omas Küche? Damals wurde es klassisch mit einem Kopfsalat serviert. Durch die Sahne ist es wunderbar cremig und hat einen leicht süßlichen Geschmack. Die nötige Frische kommt durch die Zugabe von Zitronensaft. Ich mag dieses einfache Dressing sehr gern.

„Könntest Du bitte diesen leckeren Nudelsalat von neulich noch mal mitbringen"? Es gibt so einige Salatrezepte, die sich mein Freundeskreis regelmäßig als „kulinarisches Mitbringsel" von mir wünschen. Für Euch habe ich hier meine beliebtesten Salatrezepte im Gepäck. Ob fürs Buffet oder als Grillbeilage, probiert Euch unbedingt durch!

Leckeres
FÜRS
SALAT-
BUFFET

MEDITERRANER NUDELSALAT

8-10 Personen

1 Zwiebel
3 Knoblauchzehen
8 EL Olivenöl
4 EL dunkler Balsamico-Essig
Je 1 Prise Salz & Pfeffer
500 g Nudeln, z. B. Penne
100 g Parmesan
2–3 Handvoll Rucola
2 Handvoll Kirschtomaten
100 g Pinienkerne

Die Zwiebel fein hacken und den Knoblauch pressen. Beides zusammen mit dem Olivenöl, dem Balsamico sowie einer guten Prise Salz und Pfeffer in eine große Schüssel geben.

Die Pasta in Salzwasser al dente kochen, abgießen und noch heiß in die Schüssel zum Dressing geben. Alles gut vermengen und ziehen lassen. Bei Zimmertemperatur abkühlen lassen.

Derweil den Parmesan grob reiben. Rucola waschen, trocknen und etwas zerkleinern. Die Kirschtomaten vierteln. Die Pinienkerne ohne Öl in der Pfanne rösten, bis sie etwas Farbe annehmen, danach erkalten lassen.

Sobald die Nudeln abgekühlt sind, zu den vorbereiteten Zutaten geben und alles gut vermengen.

COLESLAW

(AMERIKANISCHER KRAUTSALAT)

ZUTATEN

1 Weißkohl ca. 1,3–1,5 kg
2–3 Möhren
1 Zwiebel
200 g saure Sahne
150 g Mayonnaise
3 EL heller Essig oder Zitronensaft
1 EL Zucker
Salz & Pfeffer

Den Kohl von den äußeren Blättern und dem Strunk befreien und mit einem scharfen Messer in feine, mundgerechte Streifen schneiden. Diese mit 1 TL Salz in eine Schüssel geben und gut mit den Händen verteilen. Dann in ein Sieb geben und 30 Minuten ziehen lassen. So verliert der Kohl noch mal viel Wasser.

Die Möhren schälen und grob reiben. Die Zwiebel fein hacken.

Die restlichen Zutaten miteinander vermengen und glattrühren. Es darf ruhig ein wenig „überwürzt“ schmecken.

Den Kohl noch mal im Sieb ausdrücken und zusammen mit den Möhren in eine Schüssel geben. Das Dressing hinzugeben, alles miteinander vermengen. Am besten noch 2–3 Stunden im Kühlschrank durchziehen lassen.

6-8
Personen

4-5 Personen

GURKEN-MELONEN-SALAT MIT MOZZARELLA

ZUTATEN

- 2 Salatgurken
- ½ Galia-Melone
- ½ Cantaloupe-Melone
- 2 Packungen Mini-Mozzarella-Kugeln (à 125 g)
- 1 große Handvoll Basilikum
- 4 EL Olivenöl
- Saft von 1 Zitrone
- Je 1 Prise Salz, Pfeffer & Zucker

Die Gurken schälen, längs halbieren und die Kerne mit einem kleinen Löffel auskratzen. Die Melonen ebenfalls schälen und die Kerne entfernen. Beides in mundgerechte Stücke schneiden und in eine Schüssel geben.

Die Mini-Mozzarella-Kugeln abtropfen lassen, halbieren und in die Schüssel geben. Das Basilikum in Streifen schneiden und ebenfalls hinzugeben.

Nun alle weiteren Zutaten in die Schüssel füllen und alles gut durchmengen.

Bis zum Verzehr kühl stellen, dann gut durchmischen und mit Salz, Pfeffer und Zucker abschmecken.

Der Salat ist unglaublich erfrischend und passt daher perfekt zum Sommer.

KUNTERBUNTER THUNFISCH-SALAT

ZUTATEN

1 Salatgurke
1 Paprika
1 rote Zwiebel
200 g Kirschtomaten
1 kleine Dose Mais (140 g Abtropfgewicht)
1 Dose Thunfisch in eigenem Saft (150 g Abtropfgewicht)
4 EL Olivenöl
3 EL heller Balsamico-Essig
2 TL getrockneten Oregano
Je 1 Prise Salz & Pfeffer
1 Schafskäse (180 g)
Optional: *Chiliflocken*

Die Gurke schälen, längs halbieren und die Kerne mit einem kleinen Löffel auskratzen. Dann die Gurke, Paprika und Zwiebel in kleine Stücke schneiden und die Kirschtomaten halbieren oder vierteln. Alles in eine Schüssel füllen.

Den Mais und den Thunfisch abtropfen lassen und ebenfalls in die Schüssel geben.

Olivenöl, Balsamico, Oregano, Salz und Pfeffer hinzugeben und alles ordentlich vermengen.

Zum Schluss den Schafskäse darüber bröseln und untermengen.

Diesen Salat könnt Ihr auch in einer größeren Menge für Gäste vorbereiten, auch gern schon ein paar Stunden vor dem Servieren. Mit den Zutaten seid Ihr flexibel, meist schaue ich, was ich noch im Gemüsefach habe, und variiere dann ein wenig. Frühlingszwiebeln passen auch sehr gut in den Salat, Kidneybohnen könnt Ihr auch nehmen. Und wer es etwas schärfer mag, toppt den Salat einfach noch mit ein paar Chiliflocken.

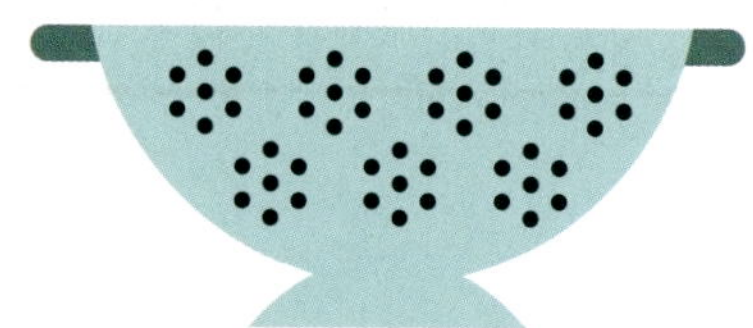

2-3 Personen

3-4
Personen

CEASAR'S PASTA-SALAT
MIT HÜHNCHEN

ZUTATEN

200 g Nudeln, z. B. Tortiglioni
1 Hähnchenbrustfilet (ca. 250 g)
Etwas Öl zum Anbraten
Salz & Pfeffer
1 Romana-Salat
60 g Parmesan
200 g saure Sahne
80 g Mayonnaise
20 ml Zitronensaft
20 ml Wasser
1 Knoblauchzehe
1 TL Senf

Die Pasta in Salzwasser al dente garen, abgießen und abkühlen lassen.

Das Hähnchenbrustfilet in kleine Würfel schneiden und in etwas Öl braten. Mit einer guten Prise Salz und Pfeffer würzen und abkühlen lassen.

Den Romanasalat waschen und in Streifen schneiden.

40 g des Parmesans grob reiben.

Für das Dressing die saure Sahne mit der Mayonnaise, dem Zitronensaft, dem Wasser und einer Prise Salz und Pfeffer vermischen. Die restlichen 20 g des Parmesans fein reiben und den Knoblauch pressen. Beides untermengen.

Zum Schluss gebt Ihr die Nudeln, den Romanasalat, die Hähnchenbrust und den Parmesan in eine große Schüssel und vermengt sie mit dem Dressing.

Den Salat könnt Ihr gern noch 1–2 Stunden durchziehen lassen.

Das Dressing könnt Ihr auch für viele andere Salate verwenden. Es schmeckt wirklich sehr lecker.

TOMATENSALAT MIT PARMESAN & KNOBLAUCH

Selbstverständlich könnt Ihr auch frischen Knoblauch verwenden. Tatsächlich finde ich den Salat aber genau in dieser Kombi mit dem Knoblauchpulver unglaublich schmackhaft. Aber das entscheidet natürlich jeder selbst.

ZUTATEN

800 g aromatische Strauchtomaten

40 g Parmesan

1 Handvoll frisches Basilikum

50 ml bestes Olivenöl

1 gestrichener TL Salz

2 TL Knoblauchpulver

1 gute Prise schwarzer Pfeffer, frisch gemahlen

Die Tomaten vom Strunk befreien, ggf. die etwas größeren Kerne entfernen und die Tomaten in kleine Stücke schneiden. Den Parmesan fein reiben. Das Basilikum grob hacken.

Alles, zusammen mit den restllichen Zutaten, in eine Schüssel geben und servieren.

Nach einer Weile bildet sich ein superlecker Sud, daher empfehle ich Euch, dazu unbedingt frisches Baguette oder Ciabatta zu reichen.

OFENKARTOFFELSALAT

MIT SPECK & SAUREN GURKEN

ZUTATEN

1 kg festkochende Kartoffeln
4 EL Öl
150 g Speckwürfel
1 Zwiebel
5–6 saure Gurken, sowie 2 EL Gurkenflüssigkeit
½ Bund krause Petersilie
Salz & Pfeffer

Den Ofen auf 180 °C Umluft vorheizen.

Die Kartoffeln waschen und in Stücke schneiden. (Ich habe die Kartoffeln zunächst geviertelt und dann noch mal quer halbiert.) Die Stücke in einer Schüssel mit 1 EL Öl und einer Prise Salz vermengen und auf einem mit Backpapier ausgelegten Backblech verteilen.

Für ca. 35–40 Minuten in den Ofen geben. Je nach Größe der Spalten variiert die Backzeit ein wenig. Schaut einfach zwischendurch nach. 5 Minuten vor dem Ende der Backzeit verteilt Ihr die Speckwürfel auf den Kartoffeln und backt sie fertig.

Während die Kartoffeln im Ofen sind, könnt Ihr die restlichen Zutaten für den Salat vorbereiten.

Die Zwiebel fein hacken und die Gurken in dünne Scheiben schneiden. Die Petersilie fein hacken. Alles in eine große Schüssel geben und zusammen mit dem restlichen Öl, der Gurkenflüssigkeit und einer guten Prise Salz und Pfeffer vermengen.

Wenn die Kartoffeln gar sind, lasst sie noch für 5–10 Minuten auf dem Blech abkühlen und gebt sie dann zum Dressing hinzu.

Ihr könnt den Salat direkt, also noch lauwarm servieren, oder noch für 2–3 Stunden durchziehen lassen. Beides schmeckt sehr gut.

5-6
Personen

COUSCOUS-SALAT

Der Salat passt supergut zum Grillen!

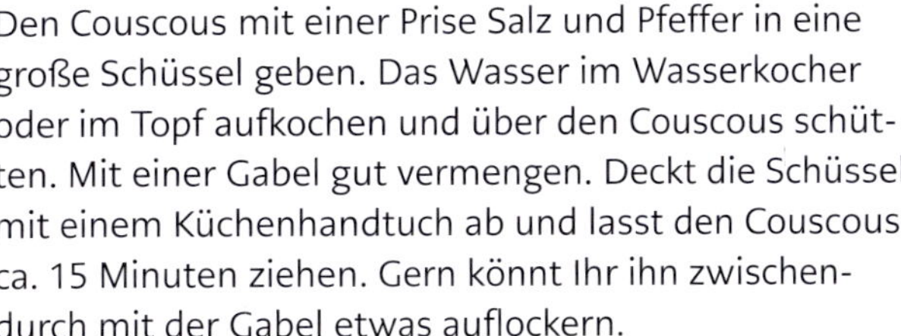

ZUTATEN

1 ½ Tassen Couscous (300 g)
3 Tassen Wasser
6 EL Olivenöl
3 EL Tomatenmark
Saft von 1 Zitrone
½ Salatgurke
1 gute Handvoll Kirschtomaten
5 Frühlingszwiebeln
½ Bund glatte Petersilie
3 Knoblauchzehen
Salz & Pfeffer
Optional: *2–3 EL Granatapfelsirup zum Beträufeln*

Den Couscous mit einer Prise Salz und Pfeffer in eine große Schüssel geben. Das Wasser im Wasserkocher oder im Topf aufkochen und über den Couscous schütten. Mit einer Gabel gut vermengen. Deckt die Schüssel mit einem Küchenhandtuch ab und lasst den Couscous ca. 15 Minuten ziehen. Gern könnt Ihr ihn zwischendurch mit der Gabel etwas auflockern.

In einer weiteren Schüssel Olivenöl, Tomatenmark, Zitronensaft mit einer guten Prise Salz und Pfeffer vermischen, bis sich alles gut verbunden hat.

Die Gurke längs halbieren, mit einem kleinen Löffel vom Kerngehäuse befreien und in kleine Stückchen schneiden. Die Tomaten ebenfalls zerkleinern. Die Frühlingszwiebel in feine Ringe schneiden und die Petersilie fein hacken. Den Knoblauch pressen.

Alles zum Dressing geben und gut vermengen.

Den fertigen Couscous mit der Gabel auflockern und nach und nach zum Dressing geben, am besten mengt Ihr ihn mit einer Gabel unter und übt dabei gern etwas Druck aus, damit sich der Geschmack noch besser verbinden kann.

Lasst den Salat gern noch 2–3 Stunden ziehen.

Vor dem Servieren noch mal mit Salz und Pfeffer abschmecken und optional mit Granatapfelsirup beträufeln.

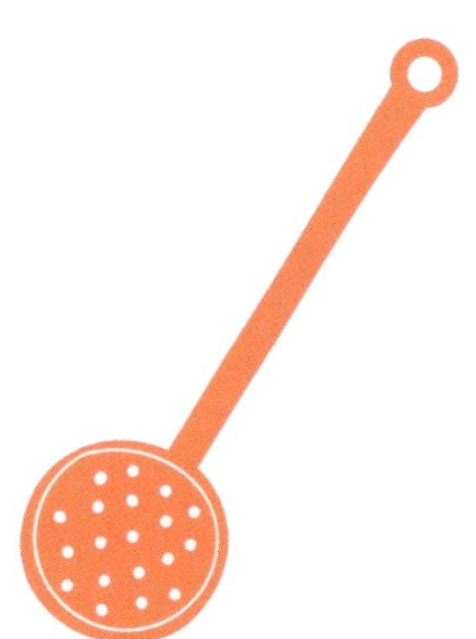

KLASSISCHER NUDELSALAT

ZUTATEN

500 g Nudeln nach Wahl, z. B. Spirelli oder kurze Makkaroni

1 Glas Salatcreme (500 g)

8 saure Gurken, sowie 6 EL Gurkenwasser

Salz & Pfeffer

½ TL Currypulver

200 g Fleischwurst im Ring

2 mittelgroße Tomaten

2 kleine Dosen Mais (à 130 g)

2 kleine Dosen Erbsen (à 140 g)

Optional: *1 Dose Mandarinen*

Die Nudeln in Salzwasser al dente kochen, abgießen und abkühlen lassen.

In der Zwischenzeit die Salatcreme mit dem Gurkenwasser, dem Curry und einer ordentlichen Prise Salz und Pfeffer in einer großen Schüssel zu einem Dressing verrühren.

Die Fleischwurst, die sauren Gurken und die Tomaten in kleine Würfel schneiden und in die Schüssel geben. Das Innere der Tomaten entfernen.

Mais und Erbsen abgießen und ebenfalls in die Schüssel geben. Alles miteinander vermengen.

Die abgekühlten Nudeln hinzugeben und alles ordentlich vermischen.

Am besten schmeckt der Nudelsalat, wenn Ihr ihn für mindestens 3–4 Stunden im Kühlschrank ziehen lasst.

Vor dem Verzehr noch mal mit Salz und Pfeffer abschmecken.

Variante: Wenn Ihr eine leichte Süße im Nudelsalat mögt, könnt Ihr auch noch eine Dose Mandarinen hinzugeben, diese bitte vorher abtropfen lassen. Schmeckt auch wunderbar.

8-10
Personen
Pausen Zeit

8-10
Personen

KARTOFFELSALAT
NACH MAMAS REZEPT

ZUTATEN

1½–2 kg festkochende Kartoffeln

400 g Fleischsalat

5–6 große Gewürzgurken, sowie 1 guter Schuss Gurkenwasser

1 EL Senf

Salz & Pfeffer

1 Zwiebel

2 hartgekochte Eier

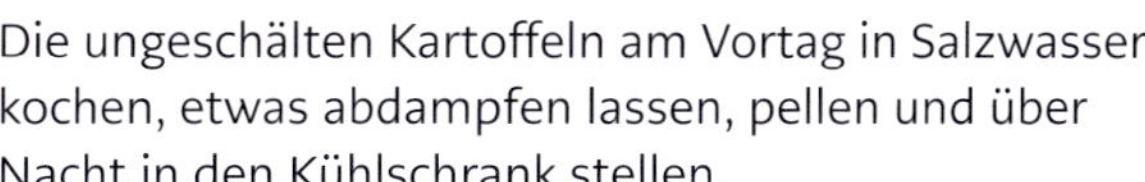

Die ungeschälten Kartoffeln am Vortag in Salzwasser kochen, etwas abdampfen lassen, pellen und über Nacht in den Kühlschrank stellen.

Den Fleischsalat in eine große Schüssel geben, Gurkenwasser und Senf einrühren und eine gute Prise Salz und Pfeffer hinzugeben.

Zwiebel, Eier und Gurken fein würfeln und ebenfalls in die Schüssel geben.

Die Kartoffeln in mundgerechte Stücke schneiden und ebenfalls hinzufügen. Alles gut vermengen und idealerweise noch mindestens 3–4 Stunden im Kühlschrank durchziehen lassen.

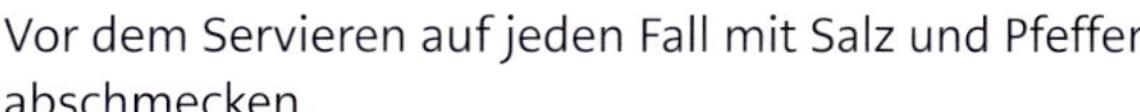

Vor dem Servieren auf jeden Fall mit Salz und Pfeffer abschmecken.

Tipp: Wer keine Eier im Salat mag, schneidet sie einfach in Viertel und legt sie als Deko on top. So kann sich jeder selbst aussuchen, ob er sich welche auf den Teller nimmt oder eben nicht.

Der Kartoffelsalat erfreut sich bei uns großer Beliebtheit und wenn meine Mama eine große Schüssel davon mitbringt, strahlen sämtliche Augen.

HEEL Verlag GmbH

Gut Pottscheidt
53639 Königswinter
Tel.: 02223 9230-0
Fax: 02223 9230-13

E-Mail: info@heel-verlag.de
Internet: www.heel-verlag.de

Fotos: Sandra Franitza, Sandra Then Fotografie – www.then-fotografie.de (U1, S. 5, S. 6, S. 32, S. 46, S. 60, S. 82, S. 90, U4)
Illustrationen: Adobe Stock: © Marina Zlochin; © Наталья Кириллова; © Oksancia
Projektleitung: Carolin Wischerath
Gestaltung: Sabine Vonderstein, Köln
Umschlaggestaltung: Axel Mertens
Bildbearbeitung: Fred Klöpfel

Wir bedanken uns ganz herzlich beim KüchenLoft Köln für die freundliche Genehmigung zur Nutzung ihres Studios.

Printed in Slovenia

ISBN 978-3-96664-898-1

Folgt dem HEEL Verlag gerne auch unter

www.instagram.com/heelverlag
www.facebook.com/heelverlag
www.youtube.com/heelverlag
@heelverlag